3

nev - er be - lieved in_____ what I could - n't see._____

_____ I nev - er o - pened my heart_____ to all the pos - si -

bil - i - ties._____ Oh,___ I know that some-thing has changed;___

Both: *Female:*

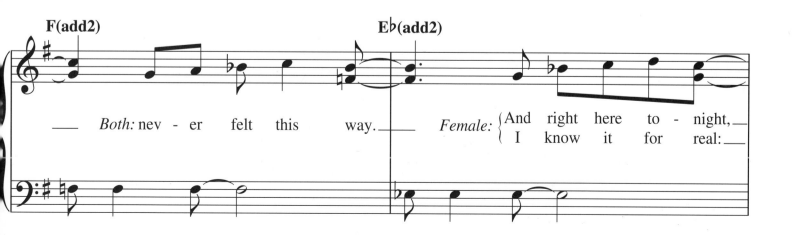

_____ *Both:* nev - er felt this way.___ *Female:* { And right here to - night, } { I know it for real:___ }

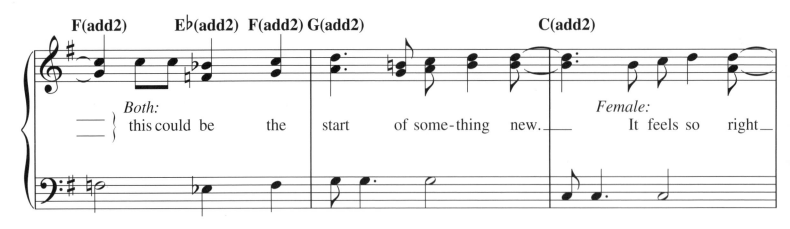

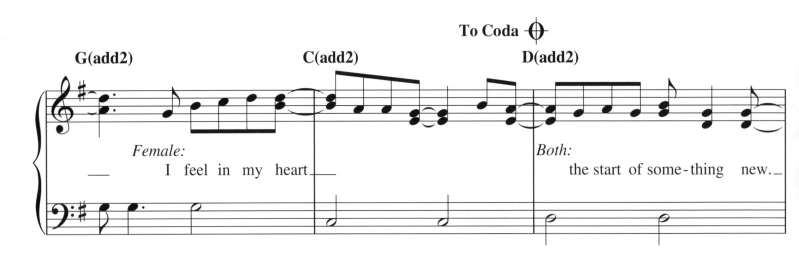

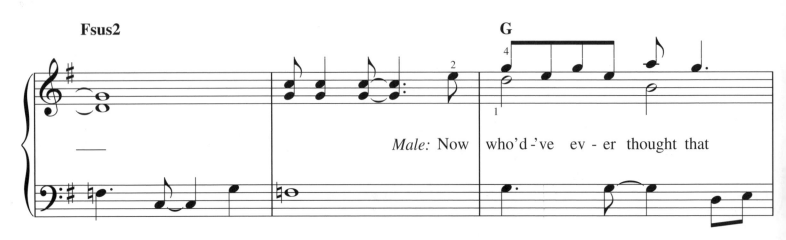

EASY PIANO

HIGH SCHOOL MUSICAL

C014019261

ISBN 1-4234-1293-1

Walt Disney Music Company
Wonderland Music Company, Inc.

DISTRIBUTED BY

HAL•LEONARD®
CORPORATION
7777 W. BLUEMOUND RD. P.O. BOX 13819 MILWAUKEE, WI 53213

In Australia Contact:
Hal Leonard Australia Pty. Ltd.
4 Lentara Court
Cheltenham, Victoria, 3192 Australia
Email: ausadmin@halleonard.com

Visit Hal Leonard Online at
www.halleonard.com

START OF SOMETHING NEW

Words and Music by MATTHEW GERRARD
and ROBBIE NEVIL

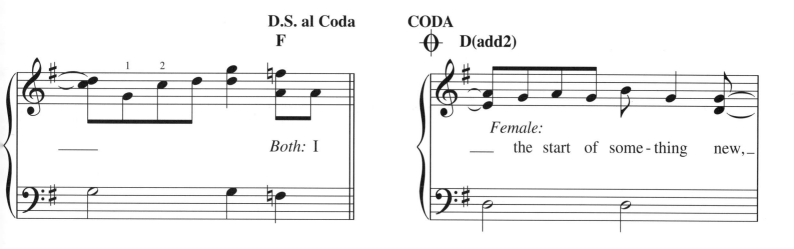

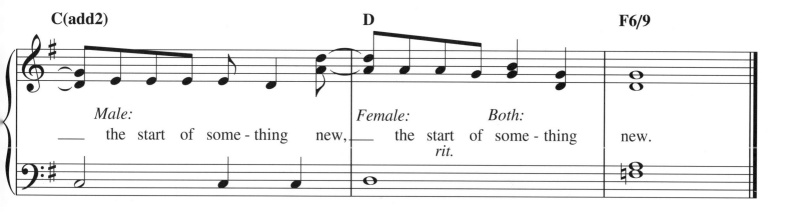

GET'CHA HEAD IN THE GAME

Words and Music by RAY CHAM,
GREG CHAM and ANDREW SEELEY

Moderately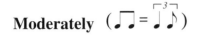

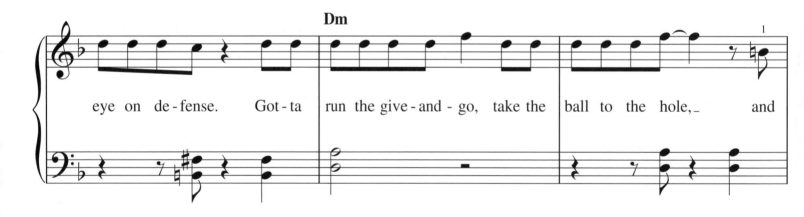

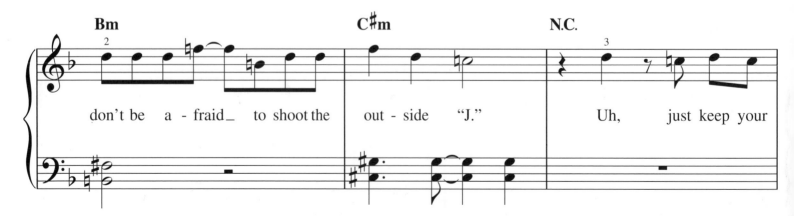

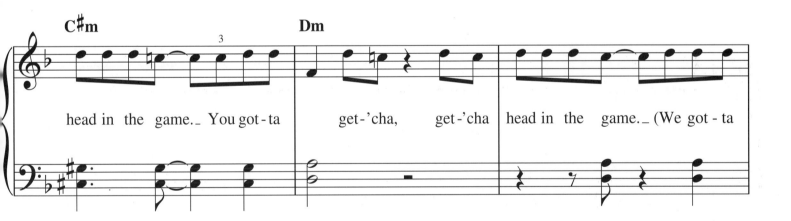

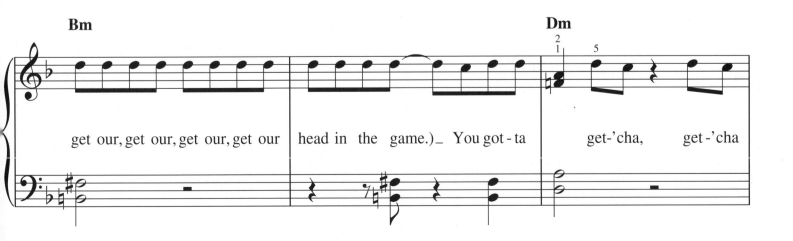

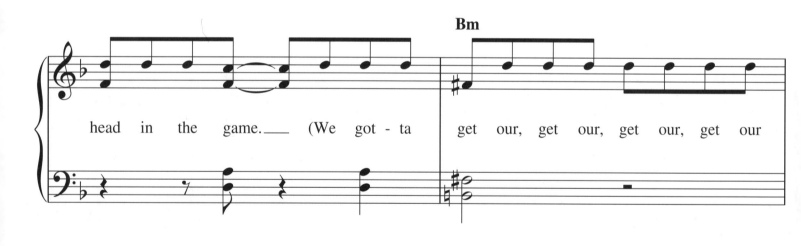

head in the game.__ (We got - ta get our, get our, get our, get our

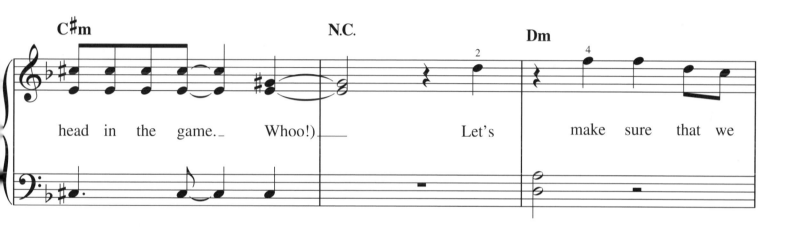

head in the game.__ Whoo!)__ Let's make sure that we

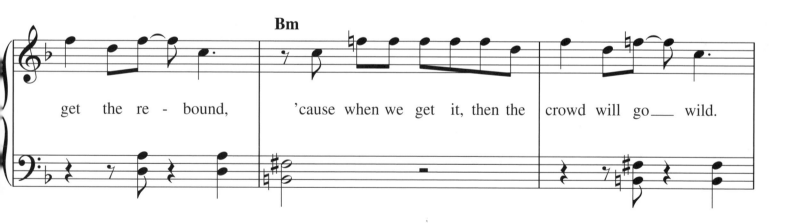

get the re - bound, 'cause when we get it, then the crowd will go__ wild.

A sec - ond chance, got - ta grab it and go.__ May - be this time, we'll hit__

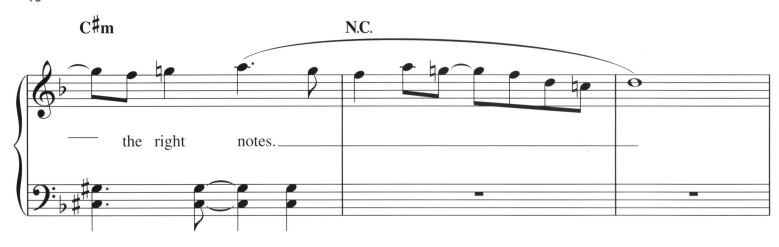

the right notes.___

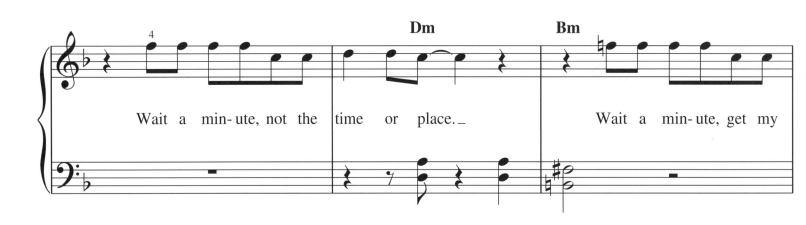

Wait a min-ute, not the time or place.___ Wait a min-ute, get my

head in the game.___ Wait a min-ute, get my head in the game.___

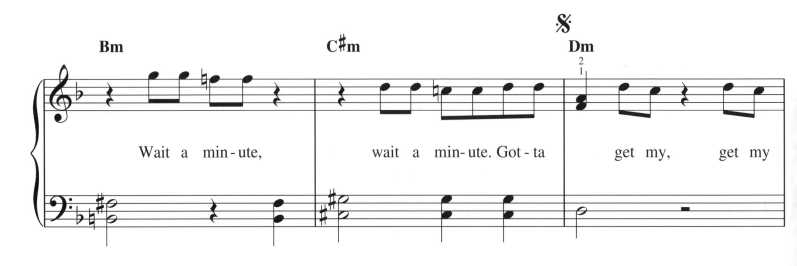

Wait a min-ute, wait a min-ute. Got-ta get my, get my

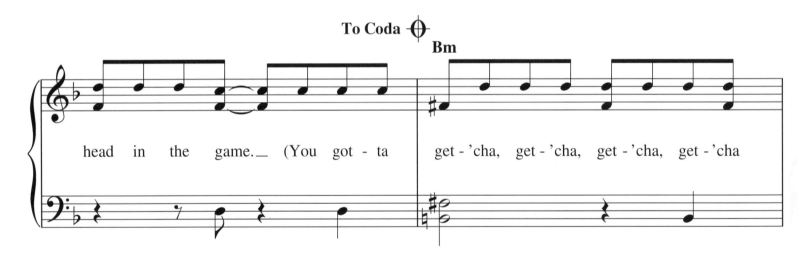

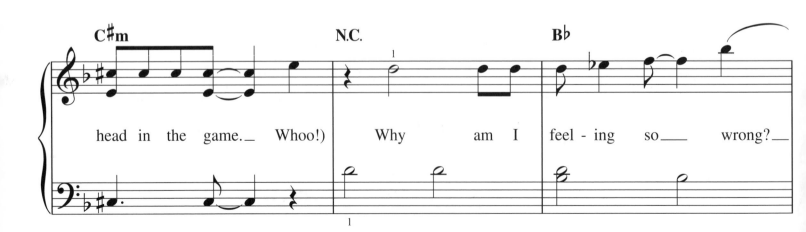

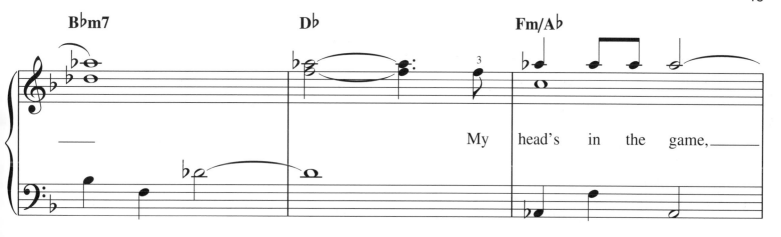

My head's in the game,_____

_____ but my heart's in the song. She makes this feel so_____

right._____ *(Spoken:)* *Should I go for it?* *Ah, I'm gonna shake this.* *Yikes!* Got - ta

CODA

get-'cha, get-'cha, get-'cha, get-'cha head in the game.___ Whoo!)___

WHAT I'VE BEEN LOOKING FOR

Words and Music by ANDY DODD
and ADAM WATTS

do.____ I've nev - er had some - one as good for me as

you,____ no one like you.____ So lone - ly be -

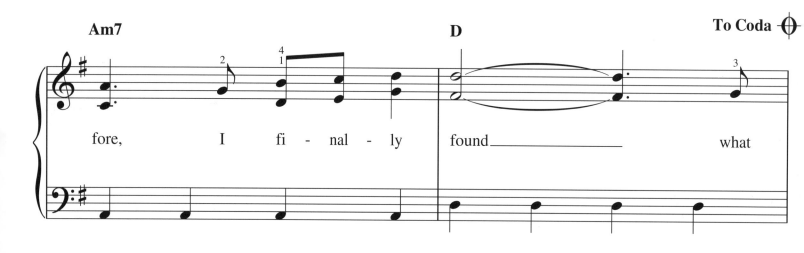

fore, I fi - nal - ly found_____ what

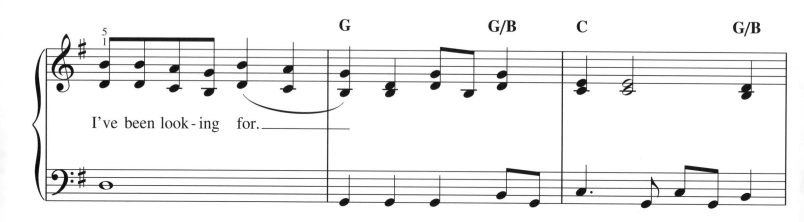

I've been look-ing for.____

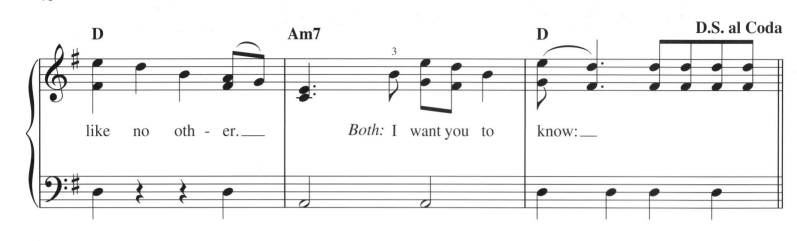

like   no   oth - er.___   *Both:* I   want you   to   know:___

I've   been   look - ing   for.___   Doo   doo   doo,

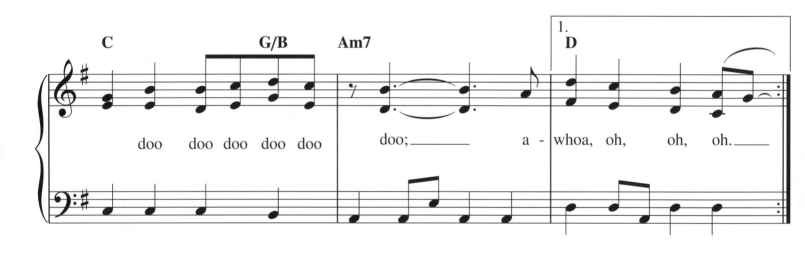

doo   doo doo doo doo   doo;___   a - whoa,   oh,   oh,   oh.___

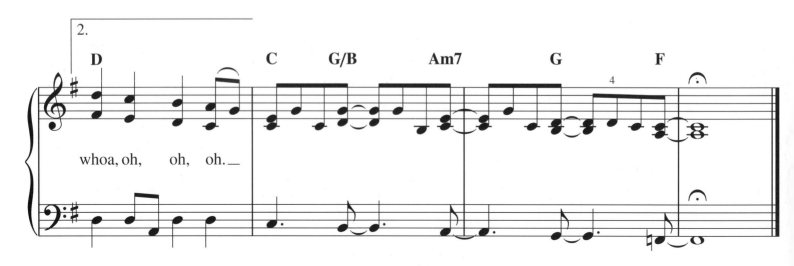

whoa,   oh,   oh,   oh.___

STICK TO THE STATUS QUO

Words and Music by DAVID N. LAWRENCE
and FAYE GREENBERG

-cret ob-ses-sion, and it's mak-ing me___ lose___ con-trol.___
___ is oc-cur-ring. It's a se-cret I___ need___ to share.___

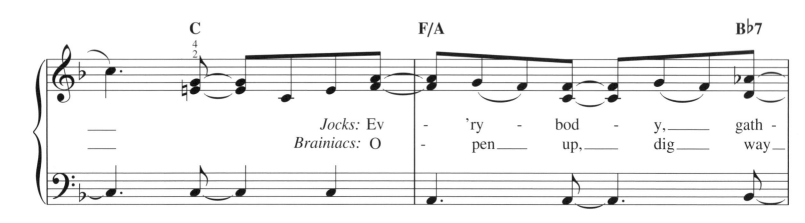

Jocks: Ev-'ry-bod-y,___ gath-
Brainiacs: O-pen___ up,___ dig___ way

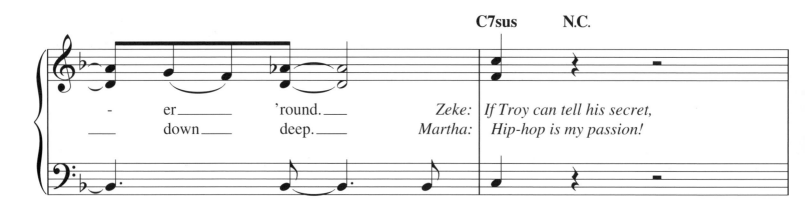

-er___ 'round.___
___ down___ deep.___

Zeke: If Troy can tell his secret,
Martha: Hip-hop is my passion!

then I can tell mine... I bake.
I love to pop, and lock,

Jock 1: What?!
and jam, and break!

1st time only

Zeke: I love to bake! Strudels, scones,

even apple pandowdy! *Jocks:* Not an - oth - er sound!____
Brainiac 1: Is that even legal? *Brainiacs:* Not an - oth - er peep!____

Zeke: Someday I hope to make a perfect crème brûlée.
Martha: It's just dancing! Sometimes I think it's cooler than homework.

Jocks: No, no, no, no! } No,___ no, no.___ Stick___
Brainiacs: No, no, no, no! }

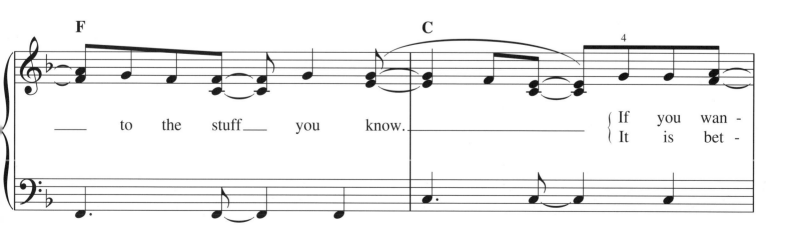

___ to the stuff___ you know._____ { If you wan -
{ It is bet -

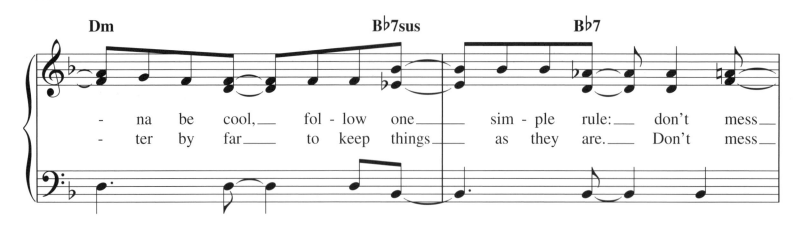

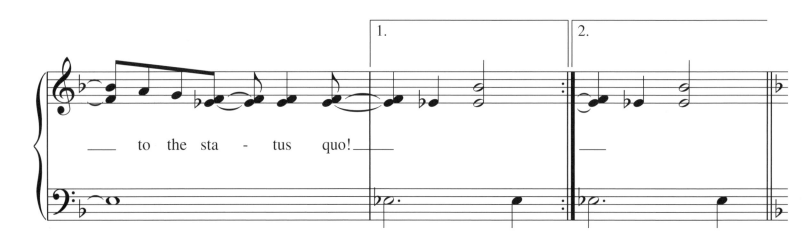

need that I can-not de-ny._____ Dude, there's no____

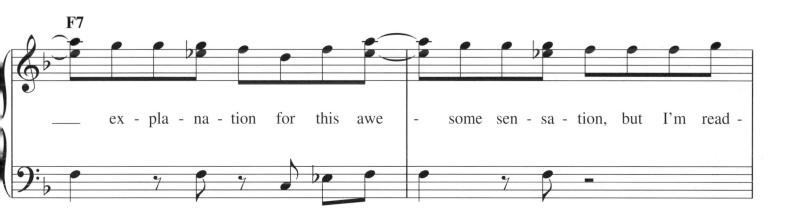

____ ex-pla-na-tion for this awe - some sen-sa-tion, but I'm read-

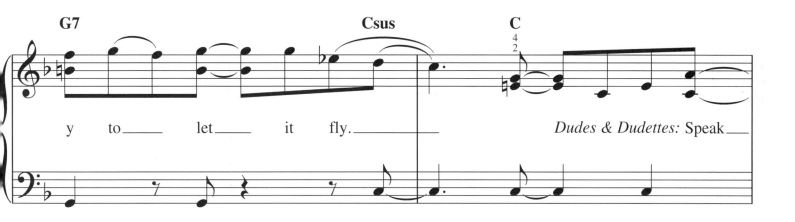

y to____ let____ it fly._____ *Dudes & Dudettes:* Speak____

____ your____ mind,____ and____ you'll____ be____ heard.____

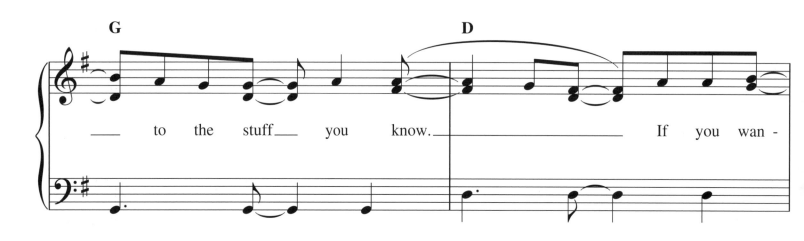

WHEN THERE WAS ME AND YOU

Words and Music by
JAMIE HOUSTON

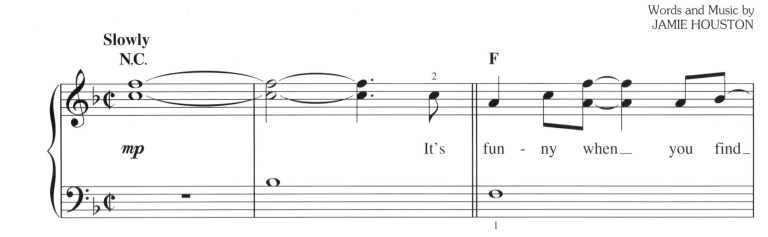

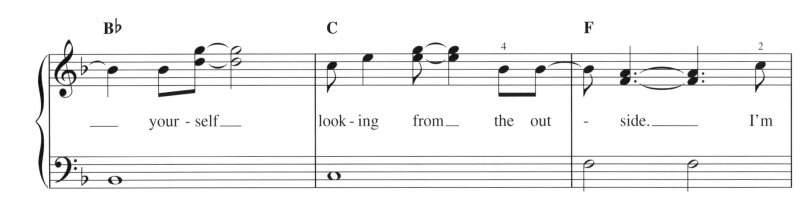

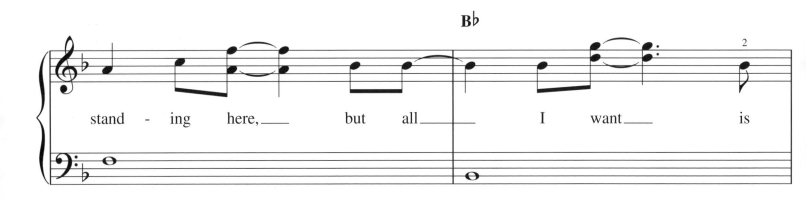

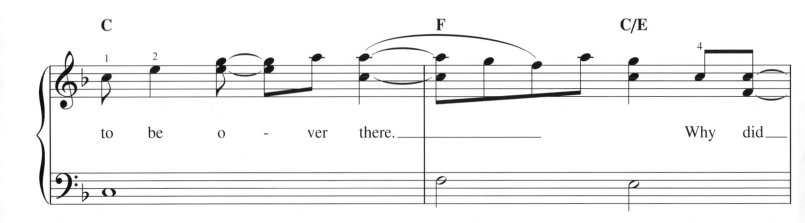

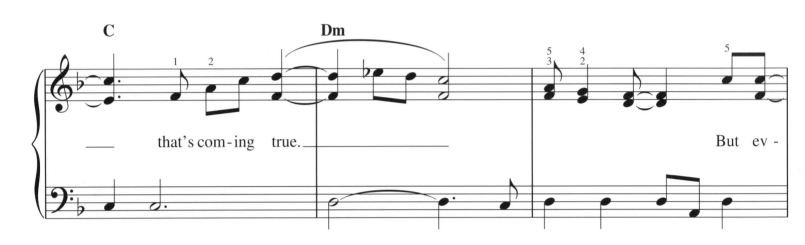

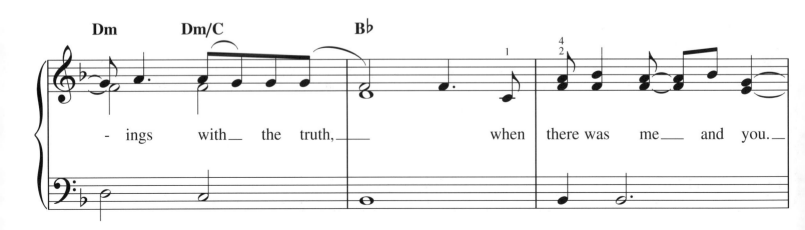

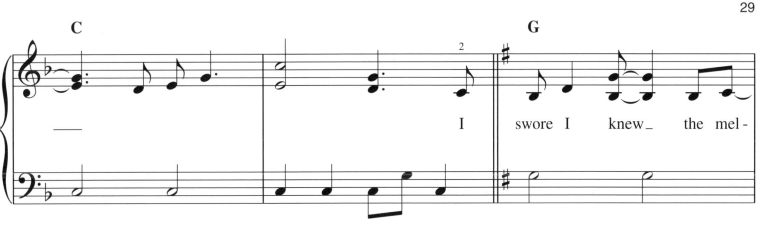

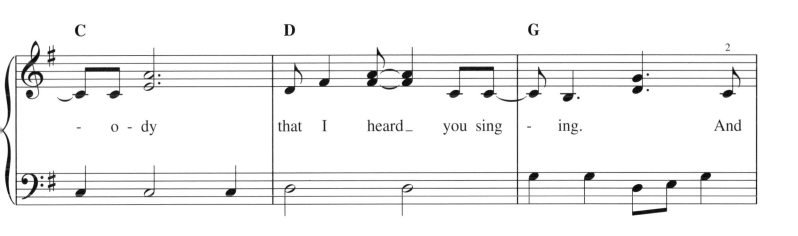

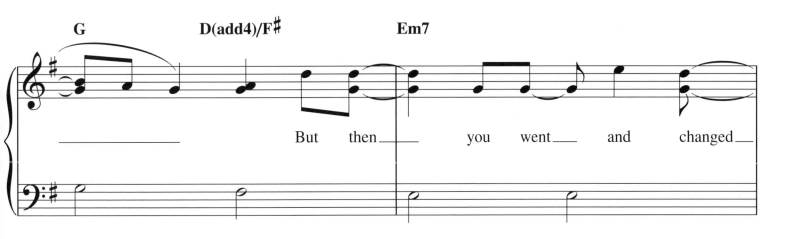

30

the words;___ now my heart___ is emp - ty. I'm

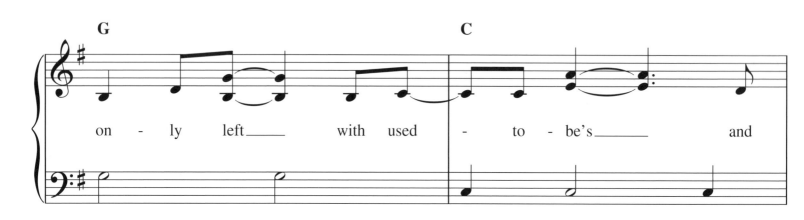

on - ly left_____ with used - to - be's_____ and

once up - on___ a song.___ Now, I know___ you're not___ a fair-

- y tale,___ and dreams___ were meant___ for sleep - ing, and

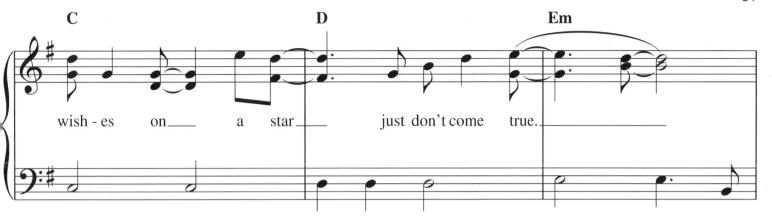

wish - es on___ a star___ just don't come true.___

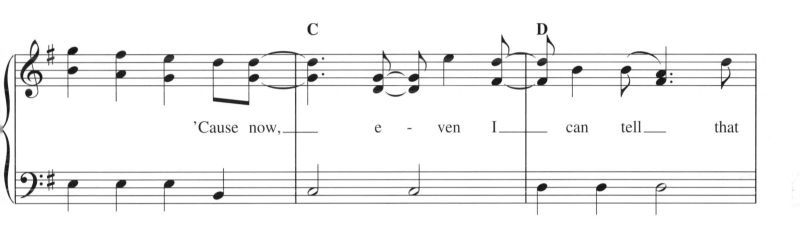

'Cause now,___ e - ven I___ can tell___ that

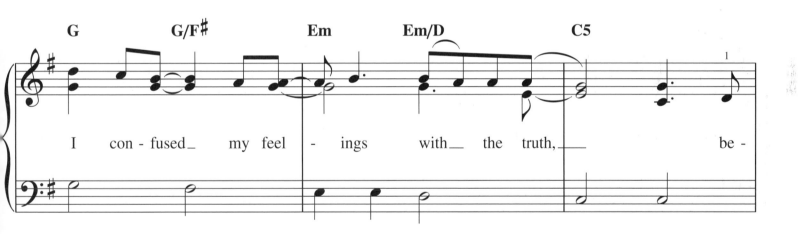

I con - fused_ my feel - ings with___ the truth,___ be -

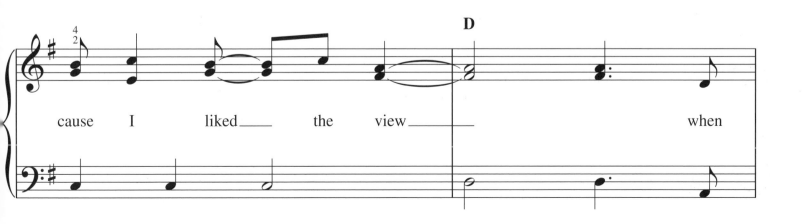

cause I liked___ the view___ when

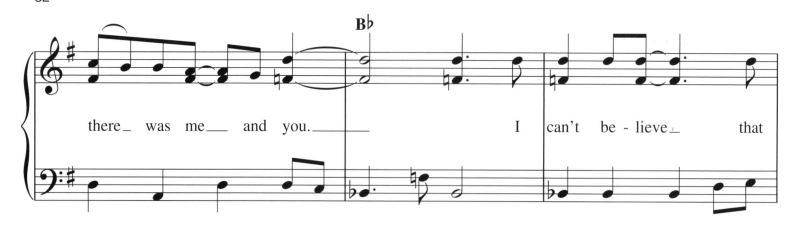

there_ was me_ and you._____   I can't be - lieve_ that

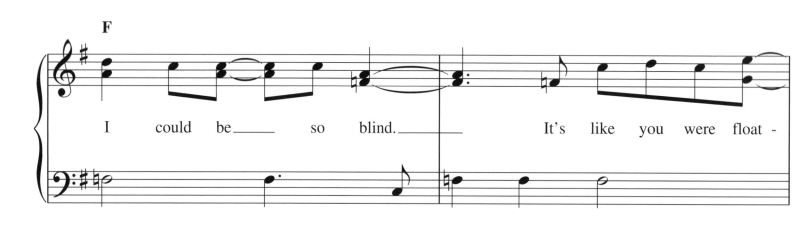

I could be____ so blind._____   It's like you were float -

- ing while_ I was fall - ing, and I did - n't mind,_

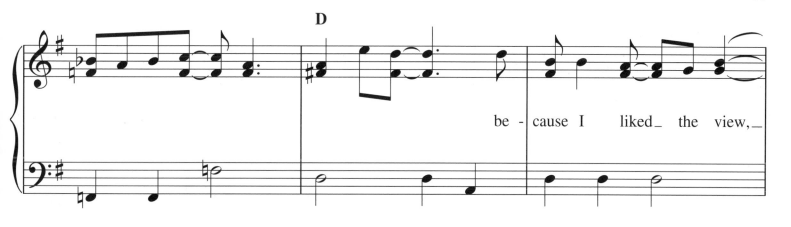

be - cause I liked_ the view,_

ooh.____ I

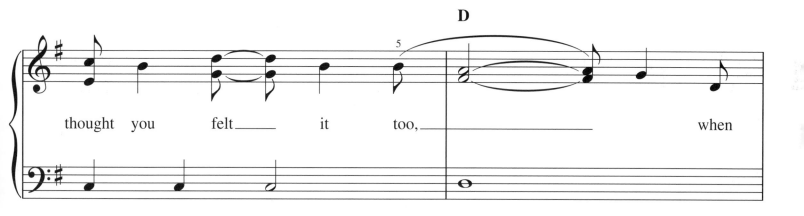

thought you felt_____ it too,_____ when

there was me__ and you.

BOP TO THE TOP

Words and Music by RANDY PETERSEN
and KEVIN QUINN

Latin dance groove

(Spoken:) Mucho gusto! Ay! Que fabulosa! Arriba!

Mira me. *Female:* I be-lieve___ in dream - ing,___

shoot-ing for___ the stars.___ *Male:* Ba - by, to___ be num-

- ber one,___ you've got to raise___ the bar.___ *Female:* A -

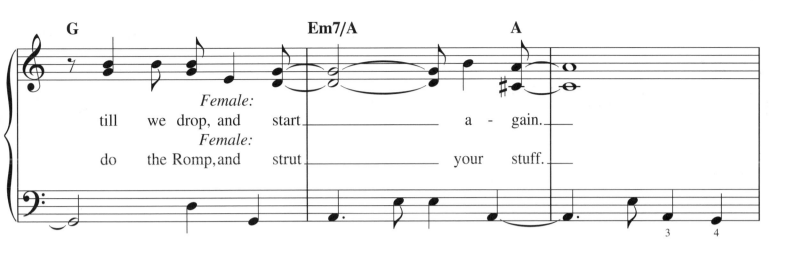

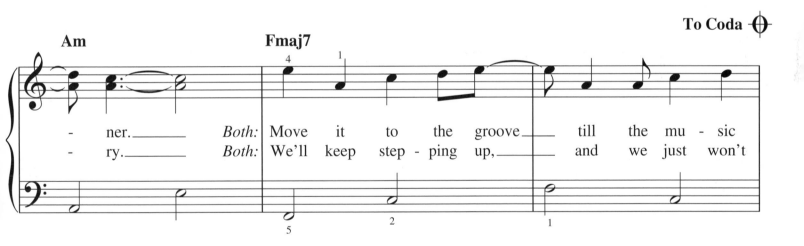

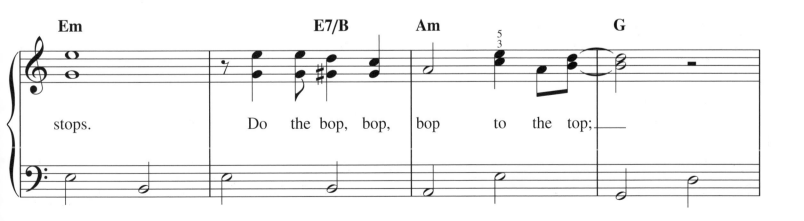

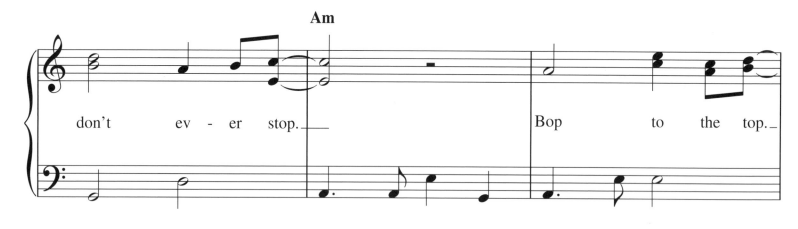

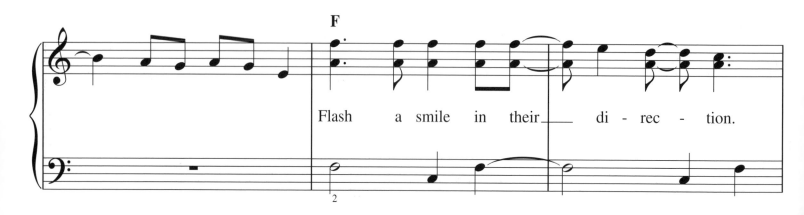

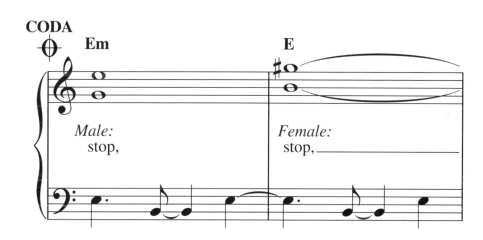

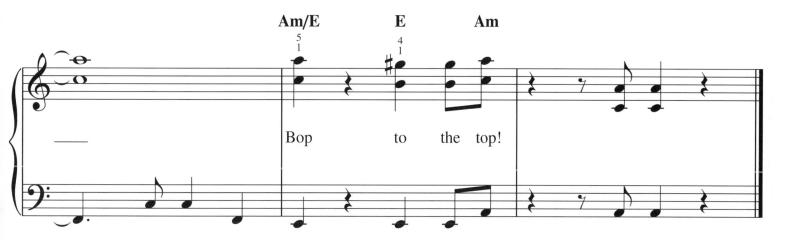

BREAKING FREE

Words and Music by
JAMIE HOUSTON

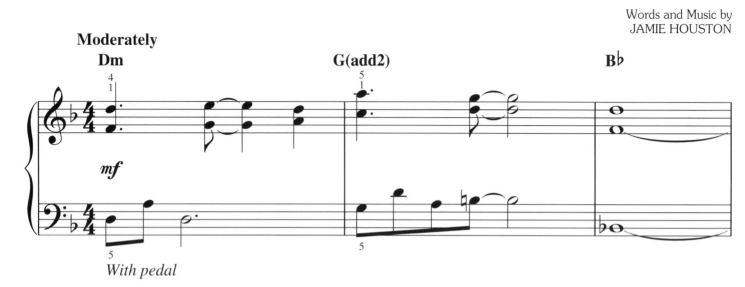

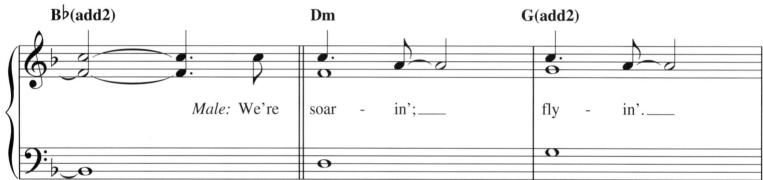

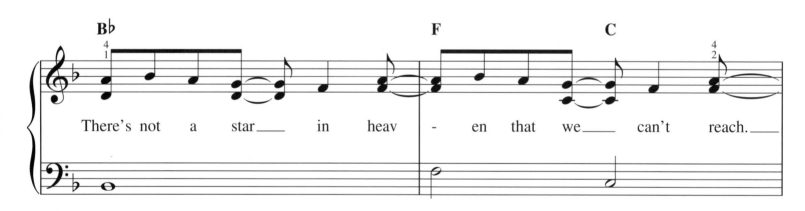

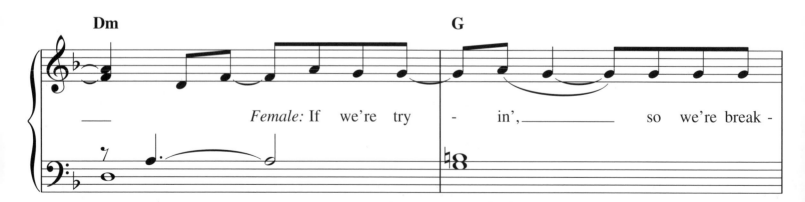

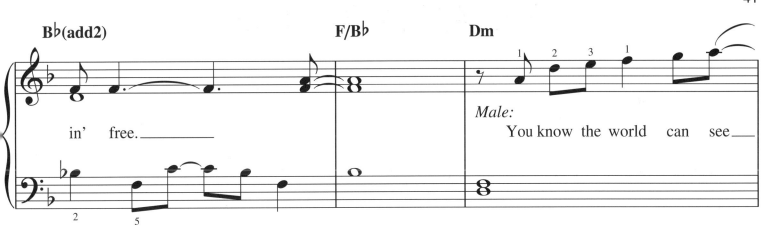

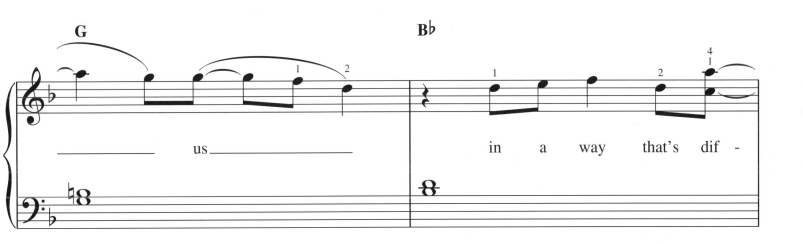

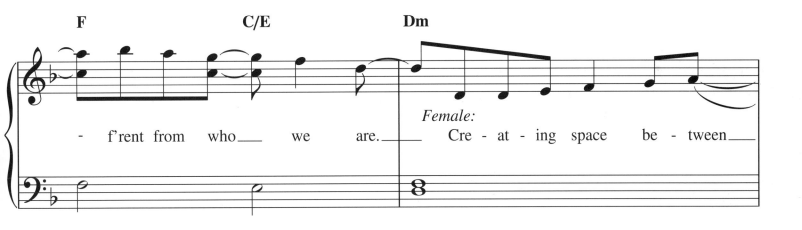

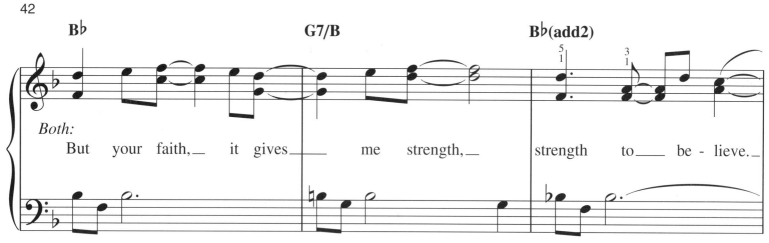

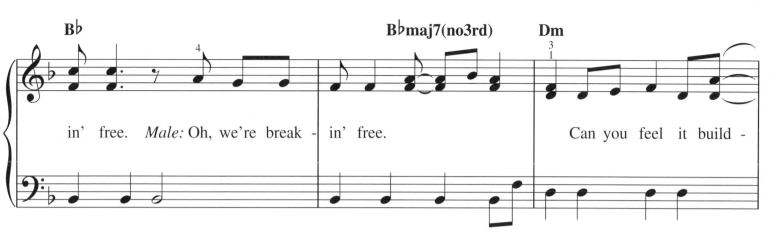

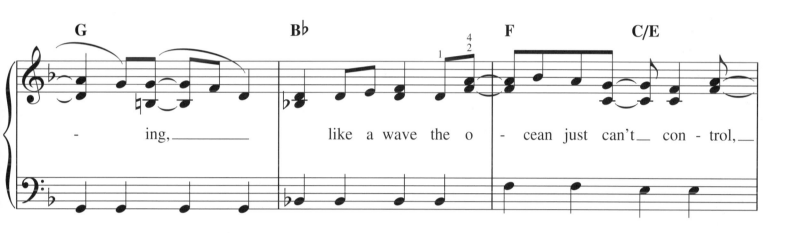

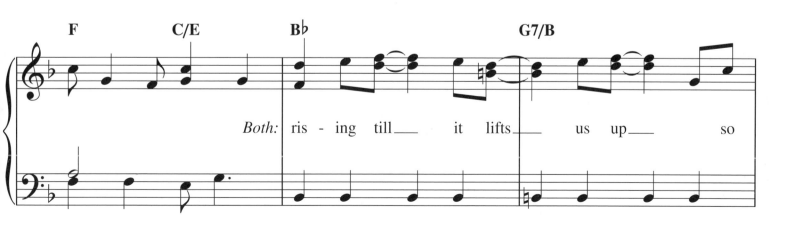

44

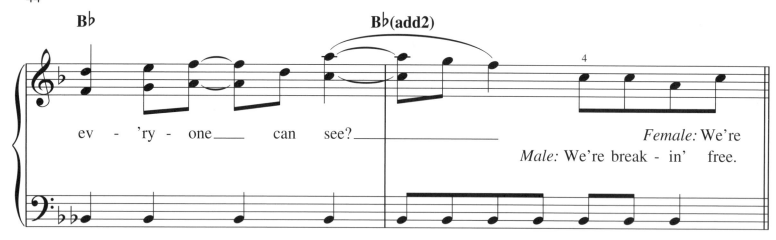

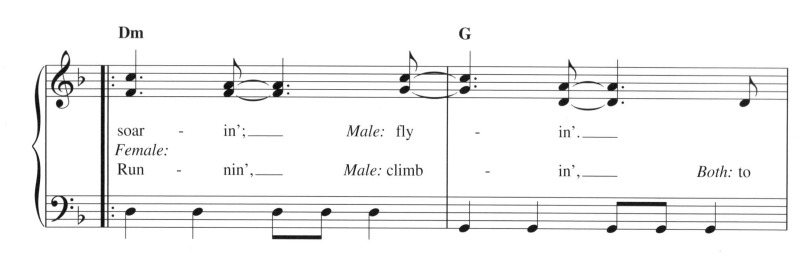

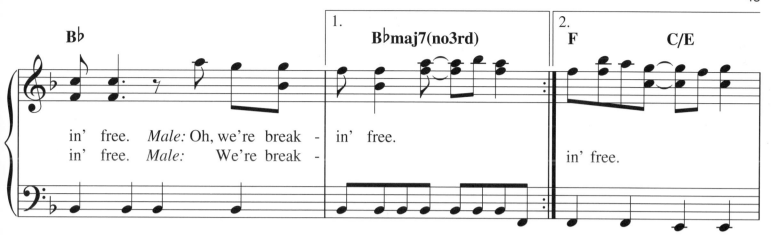

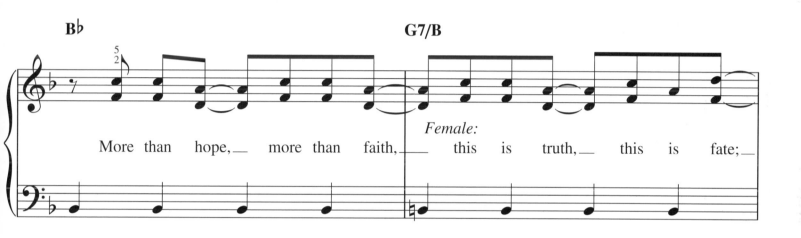

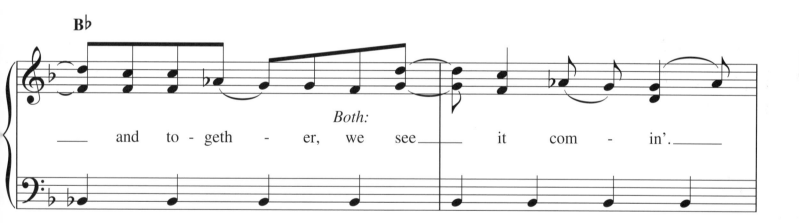

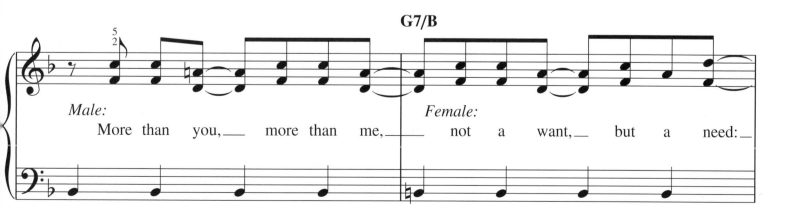

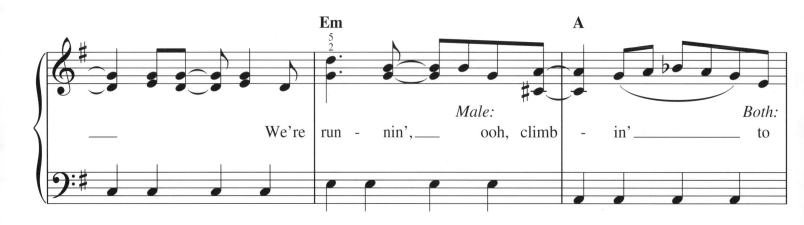

WE'RE ALL IN THIS TOGETHER

Words and Music by MATTHEW GERRARD
and ROBBIE NEVIL

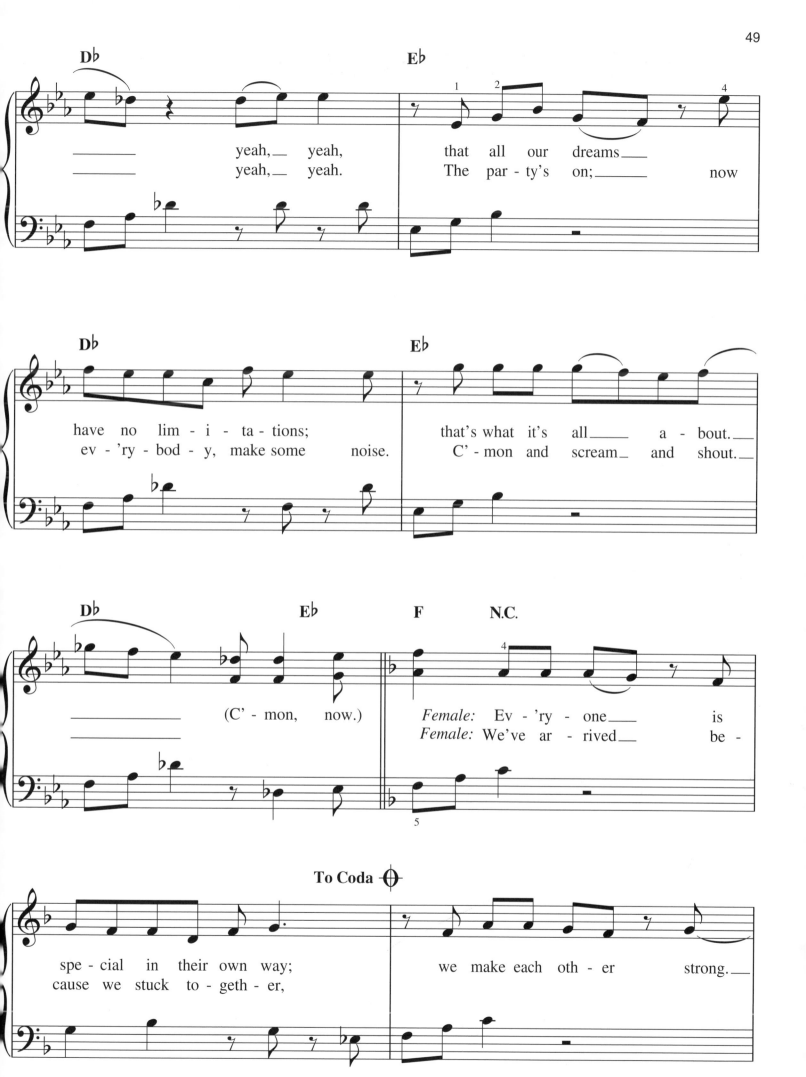

49

50

We're not the same;__ we're dif-f'rent in a good way.

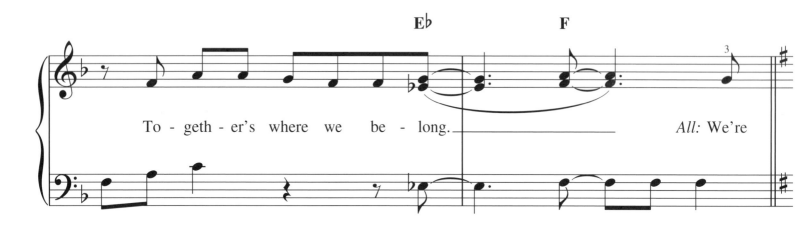

To - geth - er's where we be - long._____ *All:* We're

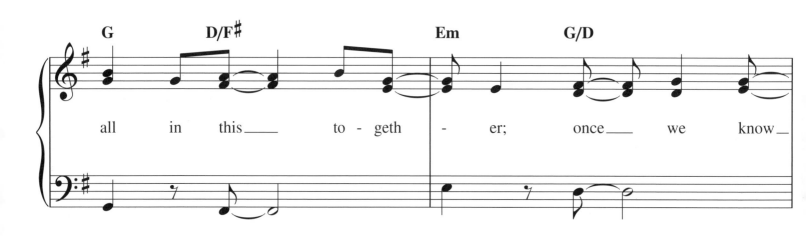

all in this__ to - geth - er; once__ we know__

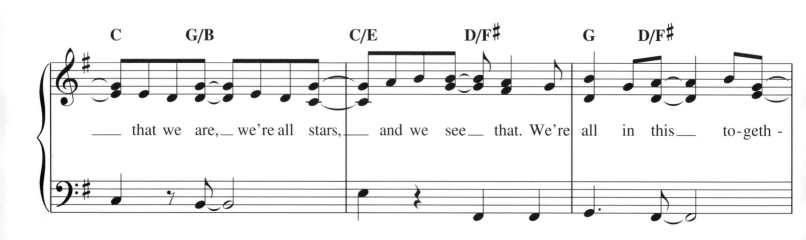

__ that we are,__ we're all stars,__ and we see__ that. We're all in this__ to-geth-

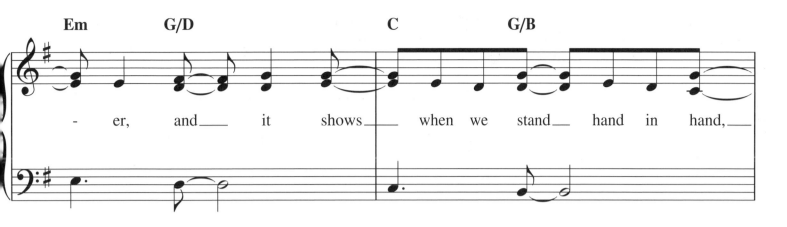

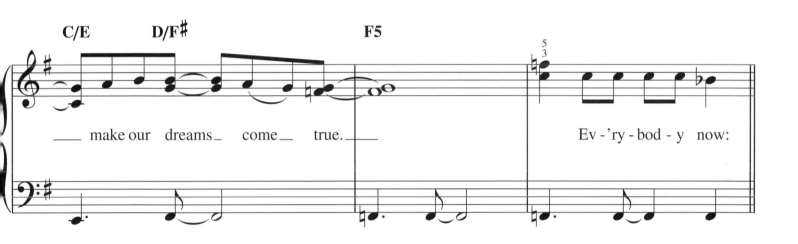

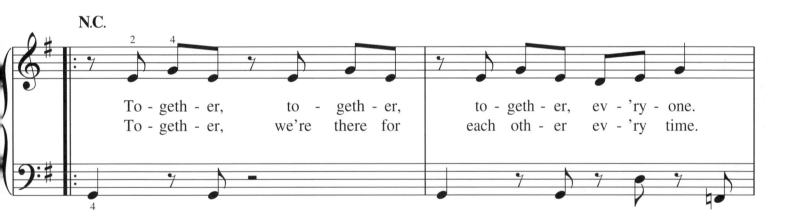

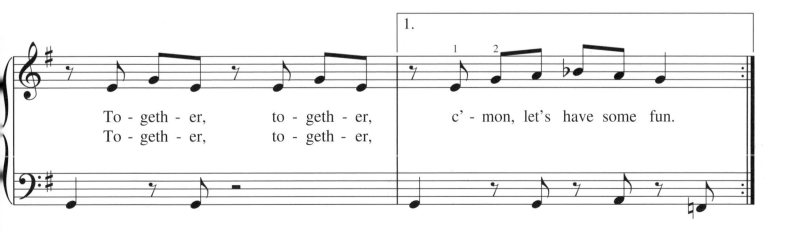

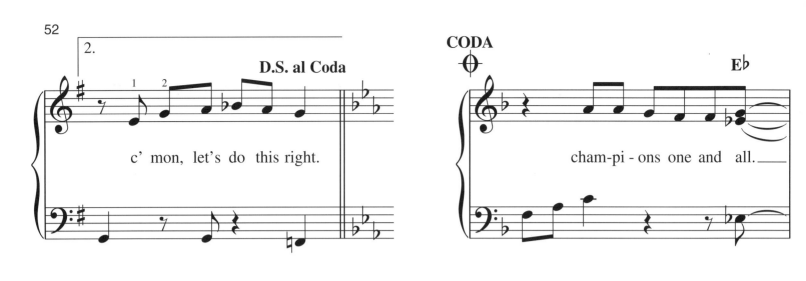

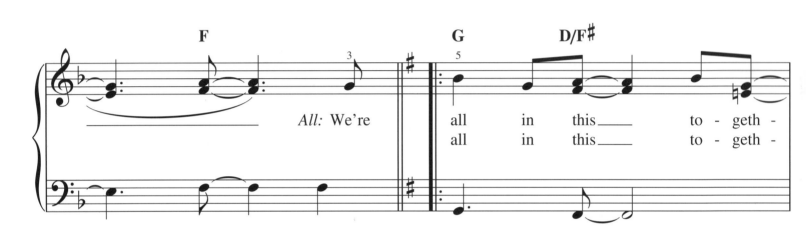

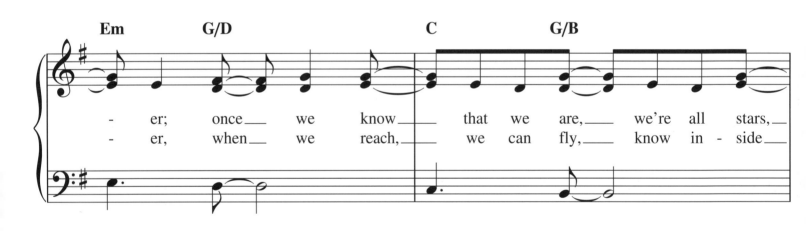

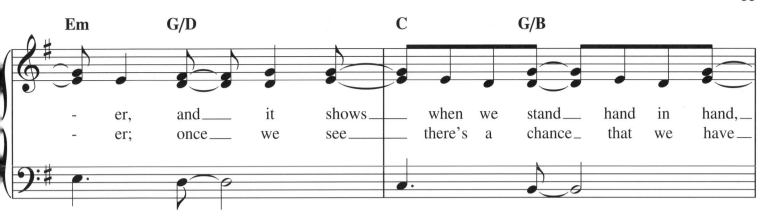

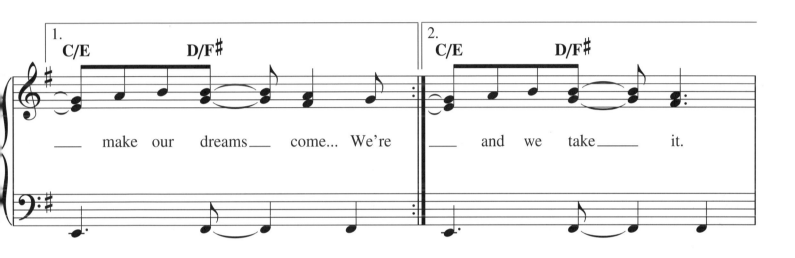

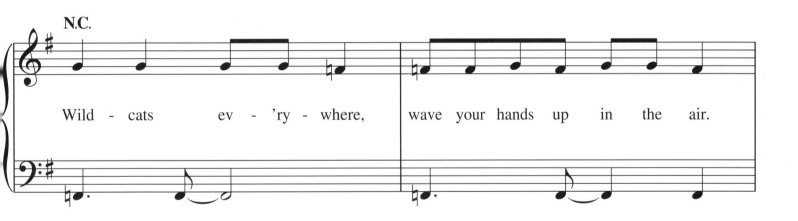

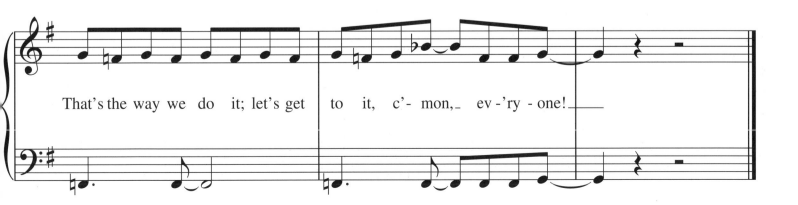

I CAN'T TAKE MY EYES OFF OF YOU

Words and Music by MATTHEW GERRARD
and ROBBIE NEVIL

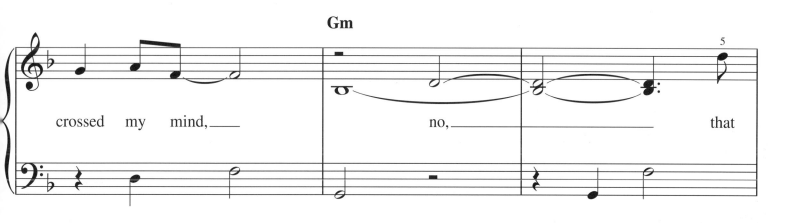

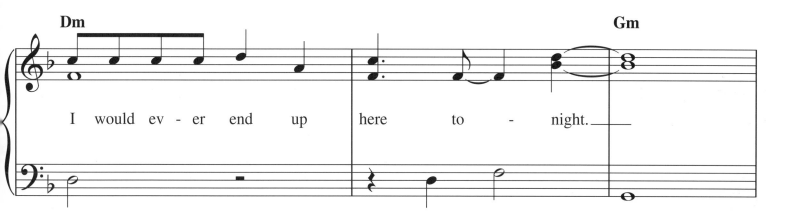

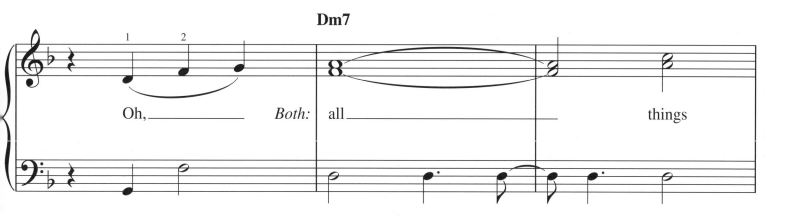

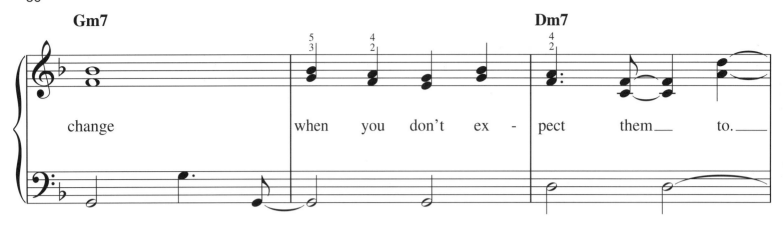

change ... when you don't ex - pect them___ to.___

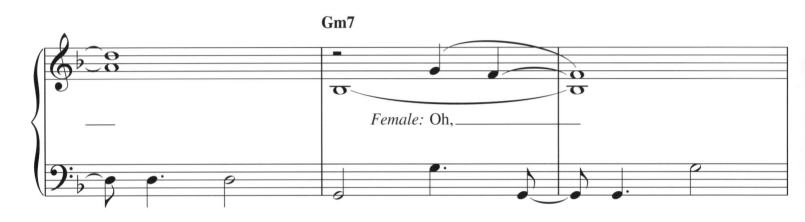

Female: Oh,___

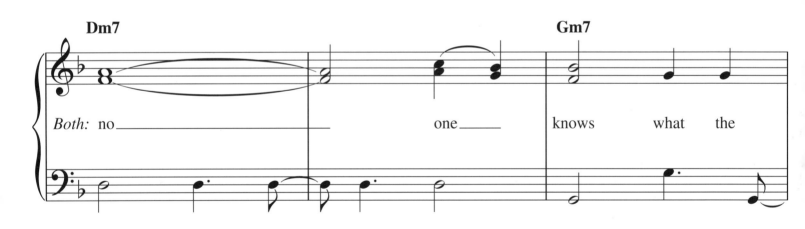

Both: no___ one___ knows what the

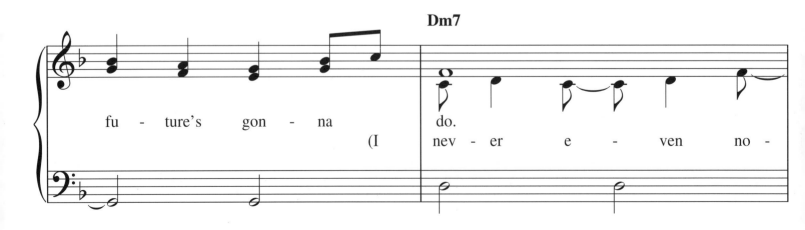

fu - ture's gon - na (I nev - er e - ven no -
do.

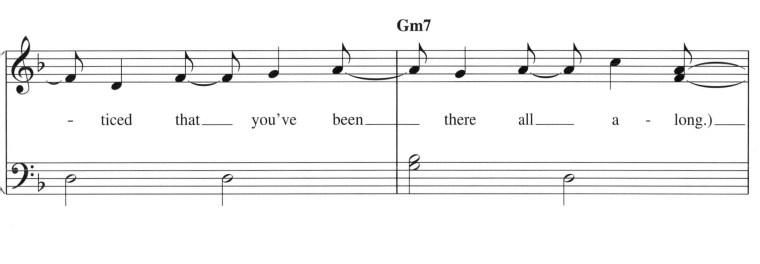

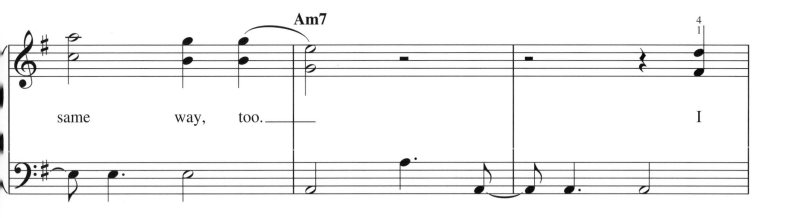

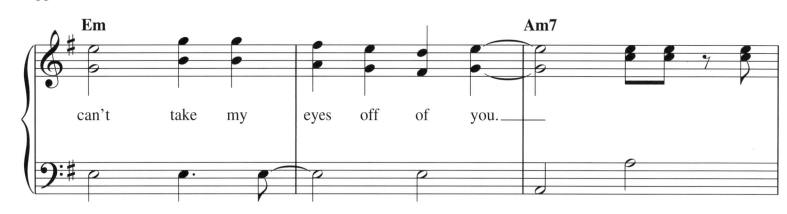

can't take my eyes off of you.

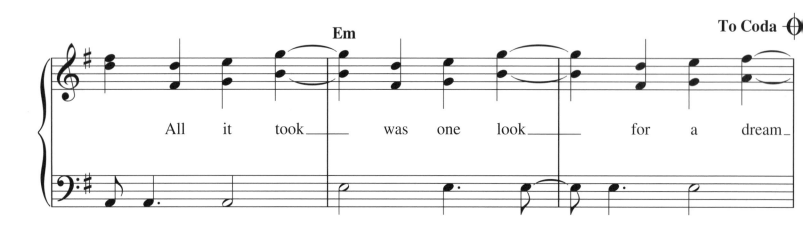

All it took was one look for a dream

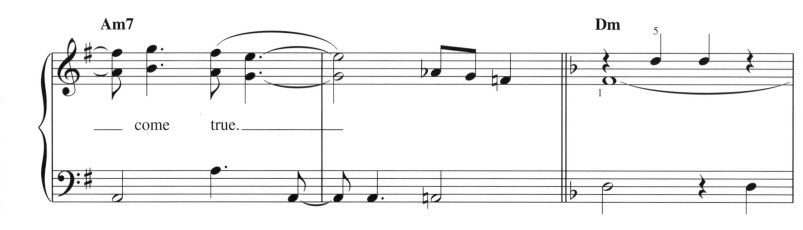

come true.

Yeah, yeah, yeah, yeah.

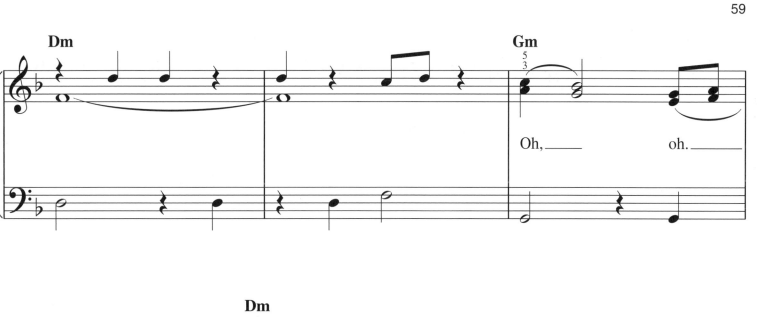

Oh,_____   oh._____

_____   *Male:* Yeah, we got a good thing   go - in' on.___

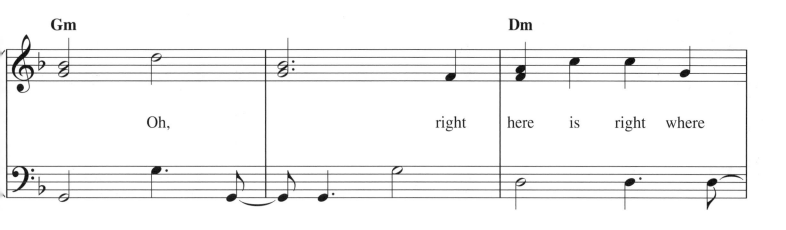

Oh,   right   here   is   right   where

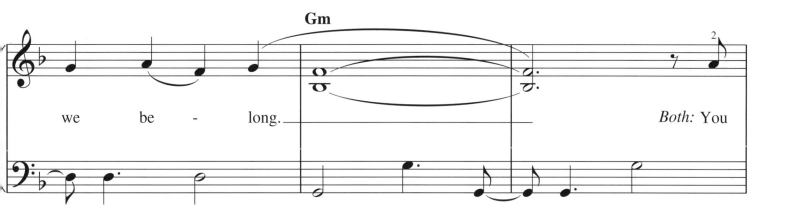

we   be -   long._____   *Both:* You

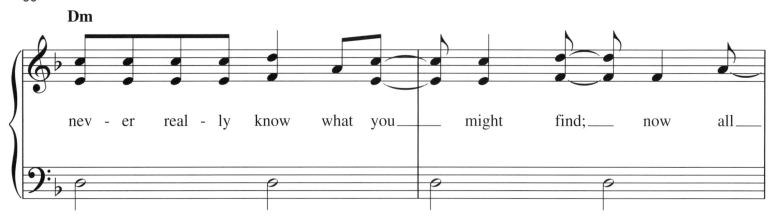

never real - ly know what you___ might find;___ now all___

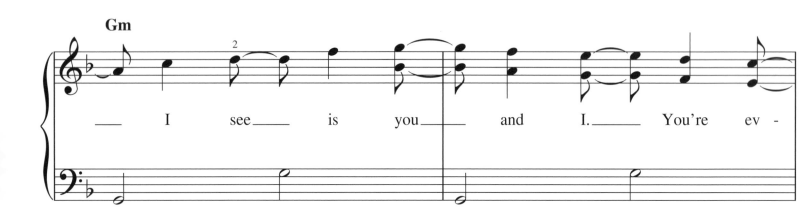

___ I see___ is you___ and I.___ You're ev -

- 'ry - thing___ I nev - er knew___ that I've

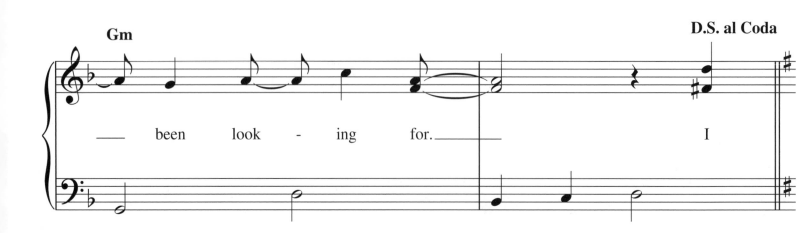

___ been look - ing for.___ I

come true. ___ I

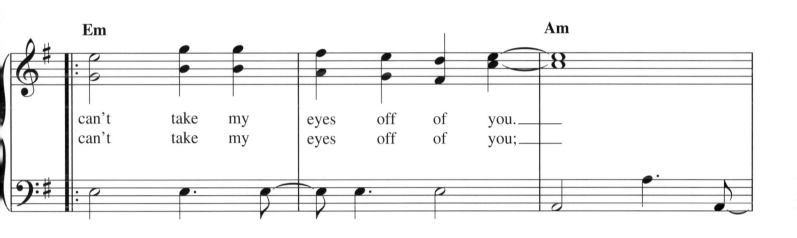

can't take my eyes off of you. ___
can't take my eyes off of you; ___

I know you feel the same way, too. ___
feel - ings like I nev - er knew. ___

I can't take my

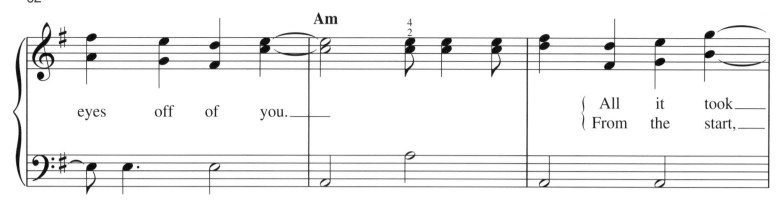

eyes off of you.   All it took
                                                                From the start,

1.

___ was one look ___ for a dream ___ come true. ___

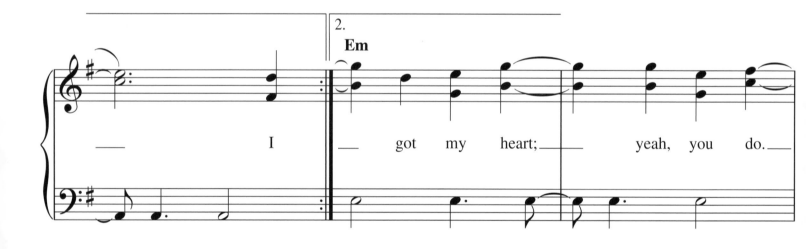

2.

___ I ___ got my heart; ___ yeah, you do. ___

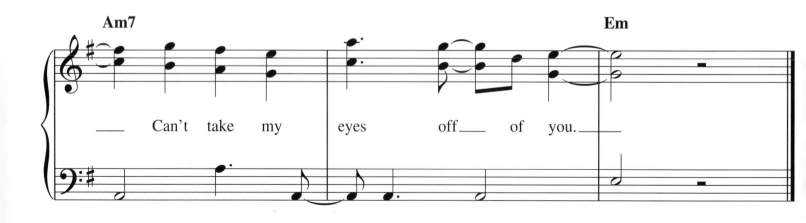

___ Can't take my eyes off ___ of you. ___